Frustrado, enfadado y furioso

Adrian Laurent

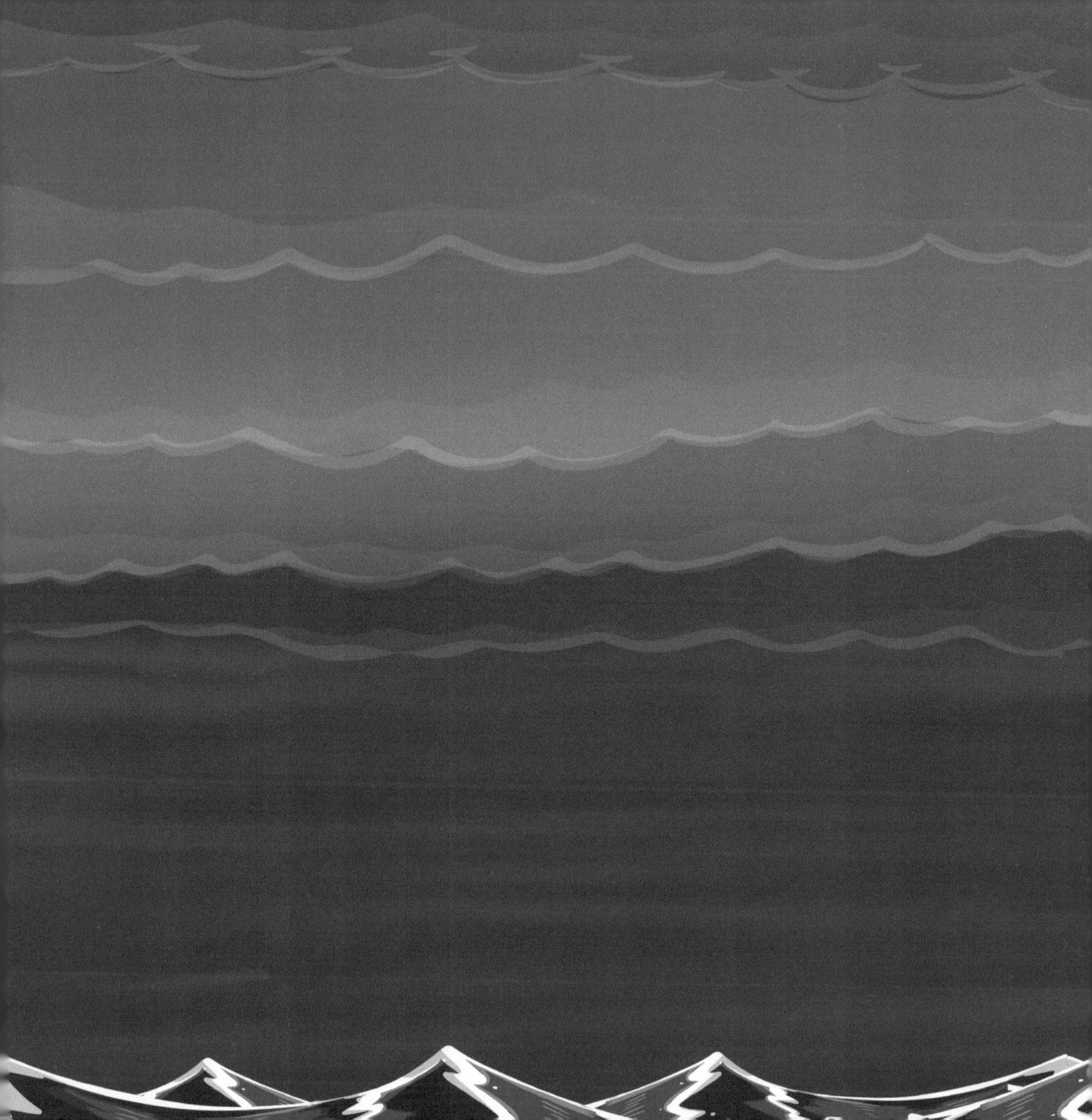

Este libro pertenece a:

A Parker le encantaba jugar con dinosaurios. Súper T Rex estaba listo para volar al espacio y derrotar al malvado Triceratops. Pero Súper T Rex necesitaba un cohete. ¿Dónde podría estar el cohete de Parker?

Parker encontró a su hermano pequeño Jordan jugando con el cohete en su habitación. Parker quería el cohete y no quería compartirlo. Empezó a sentirse enfadado. Sentía su cara caliente, el corazón le latía más deprisa y sentía los músculos tensos.

Parker sabía que le ayudaba alejarse de lo que lo enfadaba, así que volvió al salón. Se sentó en el suelo, pero seguía enfadado. ¿Cómo podría hacer que se le pasara el enfado?

De repente, Parker oyó una vocecita. Miró hacia abajo y vio a Súper T Rex mirándolo y frunciendo el ceño.

"¡Vaya! Pareces enfadado. Sé lo que se siente. Todo el mundo se enfada a veces, ¡especialmente los T Rex! Pero sé cómo controlar la ira antes de que explote".

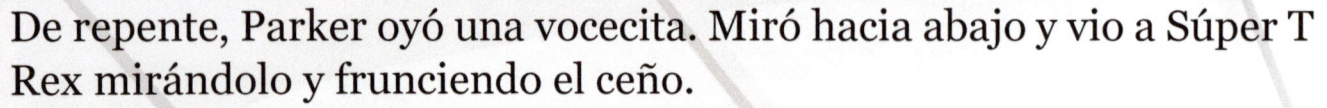

"La mayor parte del tiempo nos sentimos tranquilos y relajados. Es cuando nuestra ira está baja. Nuestro cuerpo y nuestra cabeza se sienten relajados como un lago tranquilo. Nuestra respiración y nuestro corazón se sienten normales. Nuestros músculos se sienten suaves. Hay cosas que pueden hacernos enfadar. Todo el mundo se enfada a veces. Está bien enfadarse. Pero si nuestro enfado aumenta, nos entran ganas de gritar, golpear y romper. Está bien enfadarse, pero no está bien hacer daño a las personas o a las cosas".

"Si no la controlamos, nuestra ira puede llegar a ser tan grande que perdamos el control. Es como un mar tormentoso con fuertes vientos y olas gigantes que rompen. Nuestra cabeza se siente confusa y los músculos se tensan. Nuestra respiración y nuestro corazón se aceleran. Pero conozco 4 formas que pueden ayudarte a controlar la ira antes de que explote."

"Primero fíjate en cómo te sientes. ¿Cómo es tu respiración y el latido de tu corazón? ¿Tienes la cabeza despejada o nublada? ¿Tus músculos están tensos o relajados?"

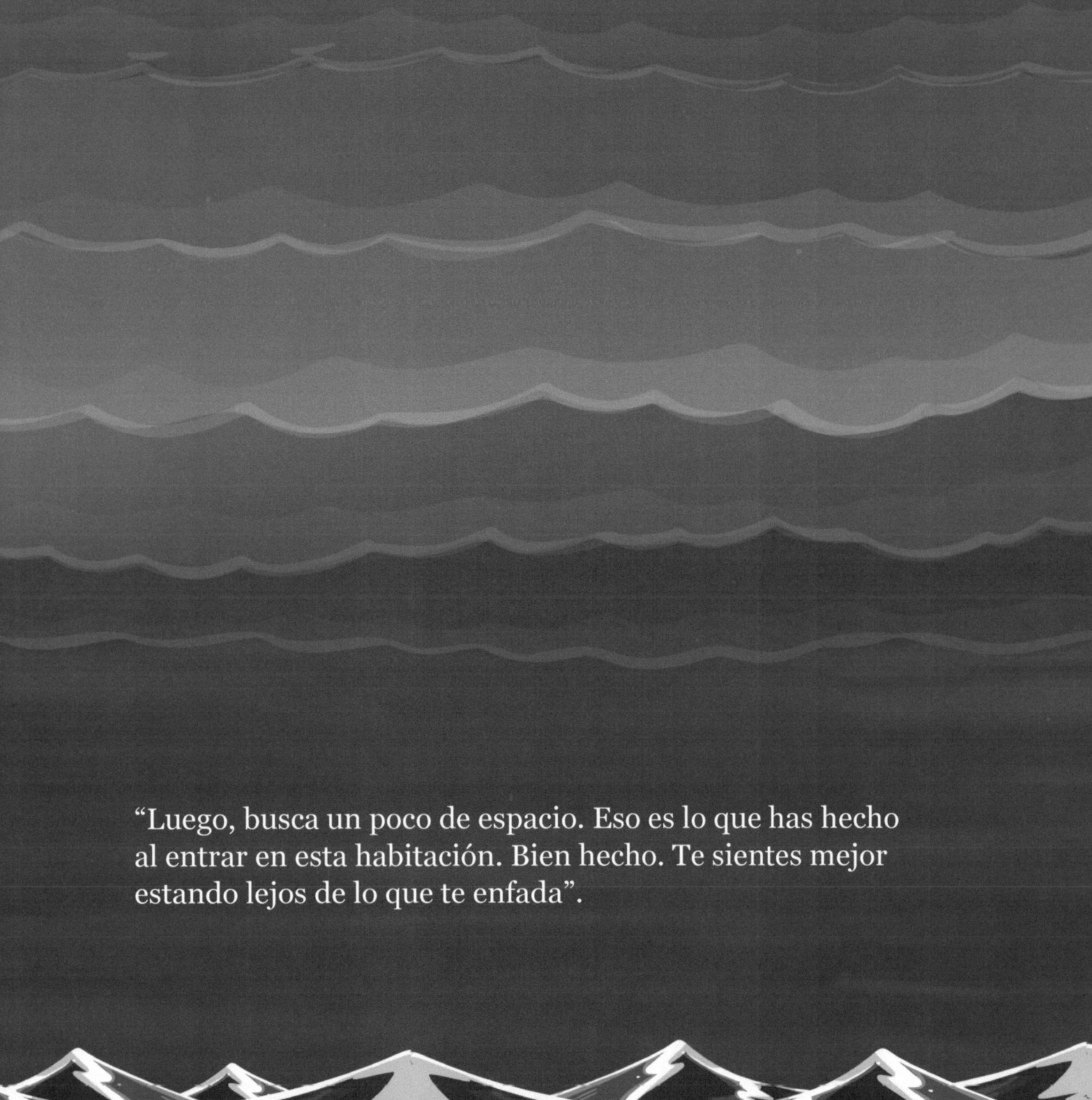

"Luego, busca un poco de espacio. Eso es lo que has hecho al entrar en esta habitación. Bien hecho. Te sientes mejor estando lejos de lo que te enfada".

"A continuación, respira profundamente 10 veces. Inspira profundamente por la nariz y exhala por la boca". Parker contó 10 respiraciones profundas. Sintió que su enfado se reducía, pero aún no se sentía tranquilo.

"Luego, mueve el cuerpo". Parker saltó arriba y abajo. Corrió en el lugar. T Rex hizo saltos de tijera. Luego apretó todos sus músculos y los aflojó.

Finalmente, sintió que su ira disminuía. Se sintió tranquilo.
Su respiración se había calmado. Tenía la cabeza despejada.
El mar tempestuoso volvía a estar quieto y apacible.

Parker volvió a su dormitorio. Jordan le dio el T Rex.
"¿Jugamos juntos?" dijo Jordan. Parker asintió y tomó a T Rex con una sonrisa. "Volemos juntos con el T Rex al espacio". Súper T Rex voló alrededor de la Luna y aterrizó en Marte.

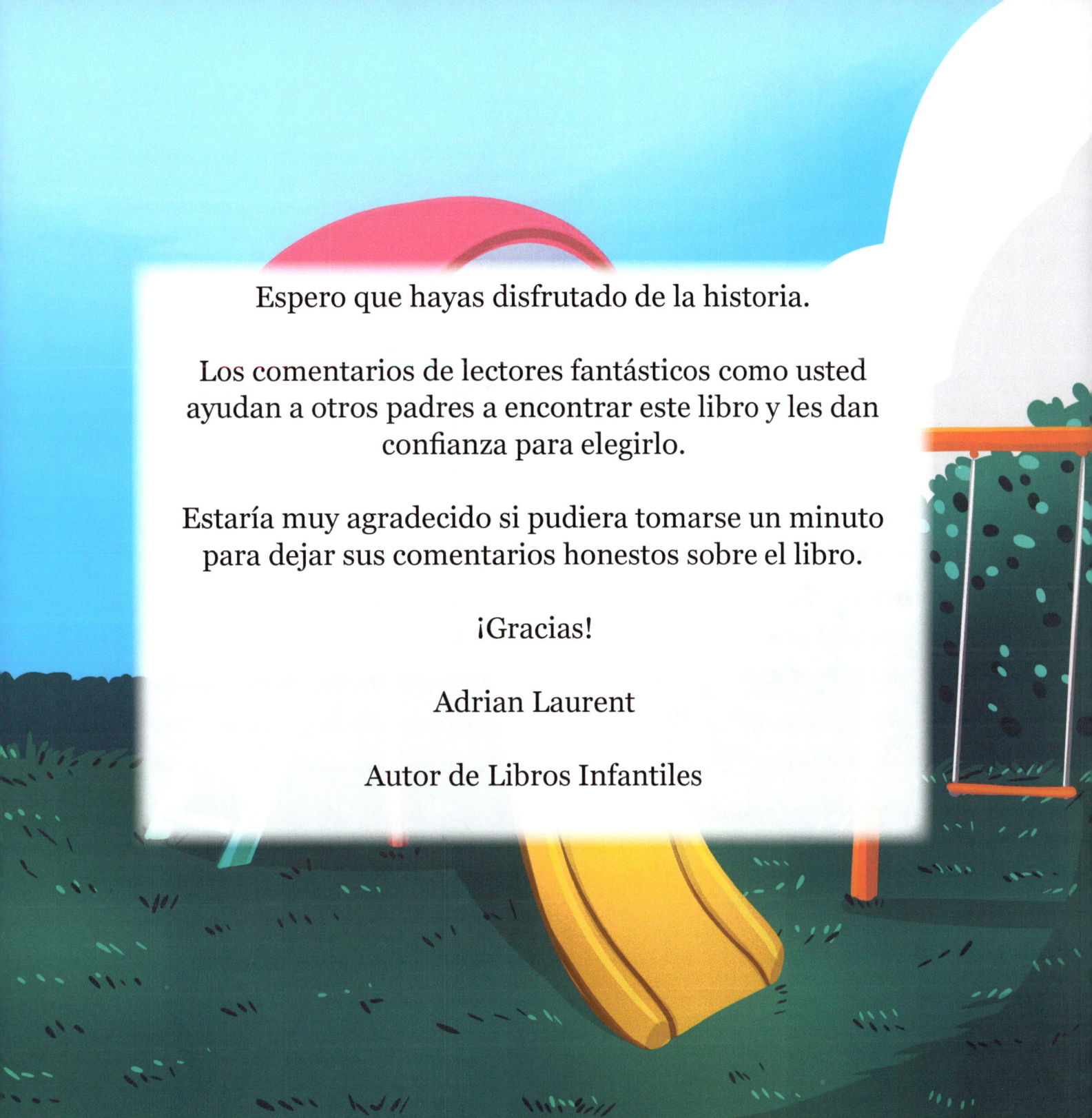

Espero que hayas disfrutado de la historia.

Los comentarios de lectores fantásticos como usted ayudan a otros padres a encontrar este libro y les dan confianza para elegirlo.

Estaría muy agradecido si pudiera tomarse un minuto para dejar sus comentarios honestos sobre el libro.

¡Gracias!

Adrian Laurent

Autor de Libros Infantiles

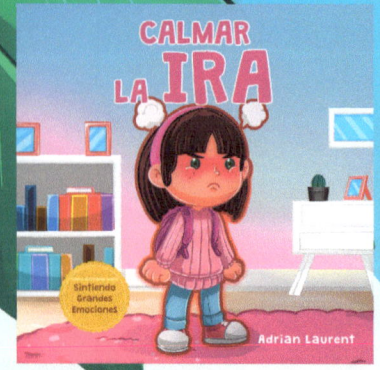

CALMAR LA **IRA**

Sintiendo Grandes Emociones

Adrian Laurent

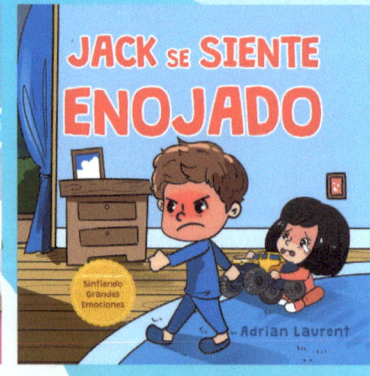

JACK SE SIENTE **ENOJADO**

Sintiendo Grandes Emociones

Adrian Laurent

CRESCITA DI UNA **MENTALITÀ SOLIDA** PER BAMBINI

Provando Grandi Emozioni

Adrian Laurent

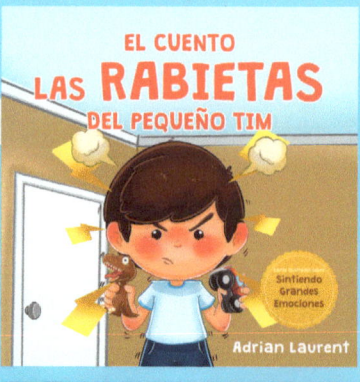

EL CUENTO **LAS RABIETAS** DEL PEQUEÑO TIM

Sintiendo Grandes Emociones

Adrian Laurent

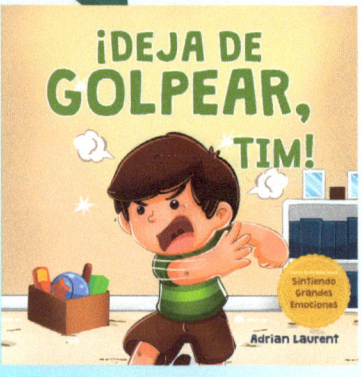

¡DEJA DE **GOLPEAR, TIM!**

Sintiendo Grandes Emociones

Adrian Laurent

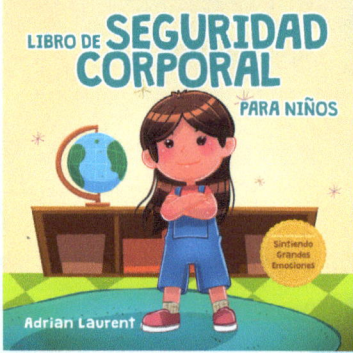

LIBRO DE **SEGURIDAD CORPORAL** PARA NIÑOS

Sintiendo Grandes Emociones

Adrian Laurent

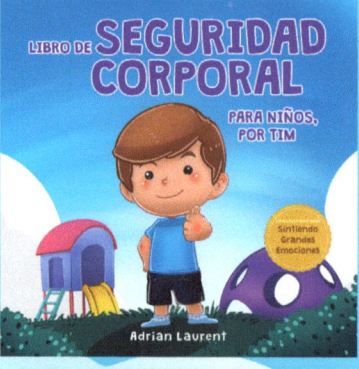

LIBRO DE **SEGURIDAD CORPORAL** PARA NIÑOS, POR TIM

Sintiendo Grandes Emociones

Adrian Laurent

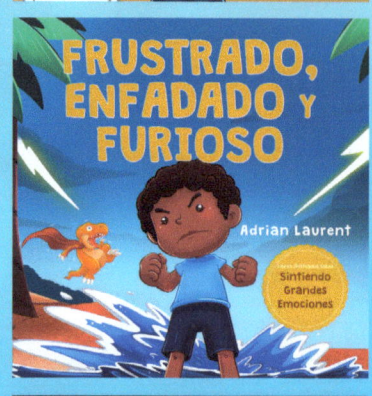

FRUSTRADO, ENFADADO Y FURIOSO

Adrian Laurent

Sintiendo Grandes Emociones

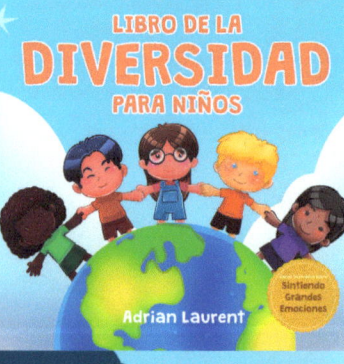

LIBRO DE LA **DIVERSIDAD** PARA NIÑOS

Sintiendo Grandes Emociones

Adrian Laurent

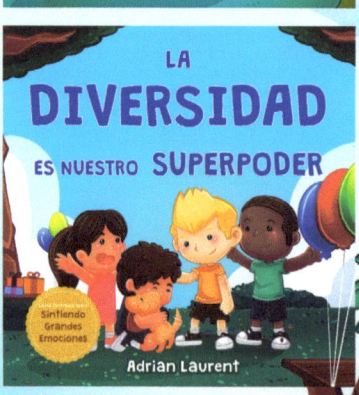

LA **DIVERSIDAD** ES NUESTRO **SUPERPODER**

Sintiendo Grandes Emociones

Adrian Laurent

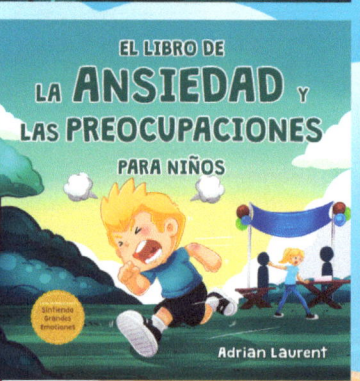

EL LIBRO DE **LA ANSIEDAD** Y **LAS PREOCUPACIONES** PARA NIÑOS

Sintiendo Grandes Emociones

Adrian Laurent

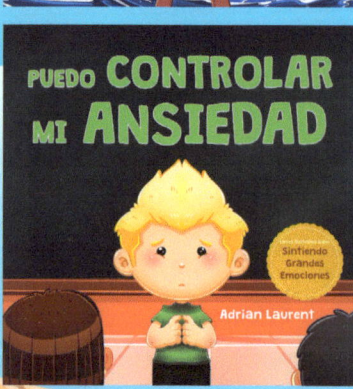

PUEDO **CONTROLAR** MI **ANSIEDAD**

Sintiendo Grandes Emociones

Adrian Laurent

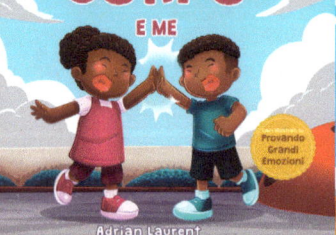

I CONFINI DEL **CORPO** E ME

Provando Grandi Emozioni

Adrian Laurent

Coléccionalos todos